Michael Heinen-Anders
Leere, Suche, Einsamkeit – die
Segnungen des
Bewußtseinsseelen-Zeitalters

Herstellung und Verlag: BoD - Books on Demand, Norderstedt

ISBN 9783746062440

Inhaltsverzeichnis

Leere, Suche, Einsamkeit – die Segnungen des Bewußtseinsseelen-Zeitalters

"Man kann heute schon davon sprechen, dass die Kultur in einem solchen Maße zerfällt, dass dadurch zentrale Bereiche des Menschseins bedroht sind." (Aliki Kristalli, Dem Zerfall der Kultur Inseln der Menschlichkeit entgegensetzen: In: Seminarbrief, Freie Hochschule der Christengemeinschaft Stuttgart, Winter 2017, S. 16 - 17 (hier: S. 16)) - die zitierte Priesterin ist 1961 geboren und in der DDR aufgewachsen.

Der Zerfall der Kultur beschränkt sich allerdings nicht auf den ehemals sozialistischen Osten, sondern erstreckt sich auch zunehmend auf den Westen Deutschlands. Konsumismus, Leistungsgesellschaft, Ellenbogenmentalität, Überfremdung und Verarmung der sozialen Kontakte, das sind allgemeine Phänomene der heutigen Kultur.

"Ich bin in dem großen Sozialexperiment DDR aufgewachsen. Es gab keine Religion. Wir sollten nicht Engel sagen, sondern "Jahresendfiguren". Es hieß nicht 356 v. Chr., sondern 356 v.u.Z., "vor unserer Zeitrechnung". Das war so die Atmosphäre. (...) Heute kommen viele Menschen so wenig vorgebildet wie ich an das Religiöse heran und sind doch tief suchend." (Aliki Kristalli, Dem Zerfall der Kultur Inseln der Menschlichkeit entgegensetzen: In: Seminarbrief, Freie Hochschule der Christengemeinschaft Stuttgart, Winter 2017, S. 16 - 17 (hier: S. 17)) - die zitierte Priesterin ist 1961 geboren und in der DDR aufgewachsen.

Zunehmend wird auch im Westen das Religiöse ausgegrenzt. Es wird „Halloween" gefeiert, aber nicht mehr St. Martin. Statt Weihnachtsmarkt kursiert schon das Ersatzwort „Wintermarkt". Und der Weihnachtsbaum wird so schnell zum „Lichterbaum". Das Kreuz darf man in Klassenzimmern schon lange nicht mehr zeigen – und außerhalb religiöser Stätten, ist es unüblich geworden, sich überhaupt noch als Christ zu bezeichnen, wenn man nicht hauptberuflich für die Vertretung und Verbreitung des Christentums, als Priester oder als Priesterin, als Mönch oder als Nonne, oder etwa gar als Religionspädagoge tätig ist.

An die Stelle unserer vermeintlich christlich-jüdischen Wurzeln, ist stattdessen, Leere,

Desinteresse und Apathie getreten. Dies ist die Währung geworden, in der die Gesellschaft die jahrzehntelange Vernachlässigung des Religiösen heimzahlt.

Doch wo befinden wir uns eigentlich heute? Vielfach ist von der bereits überholten Post-Moderne die Rede, von einem System in dem zunehmend die Maschinen zu uns sprechen und den Takt angeben.

Dass unsere Epoche tatsächlich einmal (ab 1413 n. Chr.) das Bewußtseinsseelenzeitalter genannt wurde, das scheint weitgehend verdrängt und vergessen zu sein. Denn statt eines Inhaltes von Bewußtseinen etabliert sich mehr und mehr die Herrschaft des Unterbewußten und die Regierung bzw. Herrschaft durch all jene, die ihre klare kulturelle Verortung gegen eine Unfähigkeit zur Schuld eingetauscht haben, zugunsten eines wohlfeilen „Marketing-Charakters", der sich inhaltlich durch seine substanzielle Leere auszeichnet - dabei sind die Fratzen des „Bösen" bereits allerorten sichtbar geworden.

Ob es sich nun nur um ein Bienen- oder auch allgemein um ein Artensterben handelt, das scheint als Symptom der herrschenden kulturellen Krise (und auch der Umweltkrise) deutlich zweitrangig geworden zu sein. Als Rückzugsorte für das rein innermenschliche, sind allenfalls noch die Wohnbehausungen zu nennen. Selbst sakrale Bauten haben und erfüllen häufig nur noch einen musealen Charakter.

Die innerlich Aufnahme und bewußte Verarbeitung der Anthroposophie scheint mir das einzige Heilmittel gegen die allgemeine Kulturverödnis zu sein.

Doch gerade die völlig unhaltbaren Rassismus- und Antisemitismus-Vorwürfe gegen Rudolf Steiner, dem jegliche Diskriminierung des individuellen Individuums völlig fremd war, hat die Anthroposophie anrüchig werden lassen, für einen Großteil der suchenden Menschen. Dabei ist sie tatsächlich das einzige wirkliche Heilmittel, um den Niedergang unserer Kultur wieder in einen Aufgang verwandeln zu können.

Von Rudolf Steiner sind über Johanna Gräfin Keyserlingk u. a. folgende "Belehrungen" im Geistleibe, nach seinem Tode bekannt geworden: "<<Die sind schuld an meinem Tode, die die Herzenskultur unterbunden haben.>> - <<Wären die Menschen durch ihre Herzen in die Tiefe gedrungen, sie hätten die Kraft gefunden, den Aufgaben der Zeit zu genügen.>>" (Lit.: Adalbert Graf von Keyserlingk, Koberwitz 1924 - Geburtsstunde einer neuen Landwirtschaft, S. 178)

Seither wurde das Thema der **Herzenskultur** nur von wenigen Anthroposophen wieder aufgegriffen.

Zivilisatorische Gefahren drohen Europa lt. Bernard Lievegoed mindestens zwischen ca. 2020 und ca. 2040 aus dem fernen Osten (China, Mongolei) und aus dem Nahen Osten (Islam). Es spricht vieles dafür, dass die Gefahr eines dschihadistischen Islam bereits früher eintritt (ca. seit 2001), während die "gelbe Gefahr" voraussichtlich erst später auftreten wird.

"Es muß eine <<christliche Subkultur>> in Europa entstehen, um Kräfte zu entwickeln, die gegen die Dämonen eine Chance haben. Es müssen Kulturinseln entstehen, wo Menschen leben, denen es wirklich ernst ist mit dem, was sie tun; Menschen, die mit dem Herzen bei der Sache sind; wo nicht auf der Grundlage eines Systems gearbeitet wird, weil man damit Kindern so schön Lesen und Schreiben beibringen kann; Stätten, wo Menschlichkeit herrscht, wo Gegensätze nicht verwischt werden, sondern wo Menschen wirklich aufeinander eingehen. Wenn der Moment gekommen ist, daß ein großer Eingeweihter auftritt, so wird er ohne eine <<Subkultur des Herzens>> nicht wirken können.

Die (zweite) Gegenkraft ist der fanatische Islam, der momentan eine Renaissance erlebt. Von Südosten her droht eine Eroberung Europas durch den <<heiligen Krieg>> fanatischer moslemischer Gruppen. Es handelt sich hier um eine rein ideologische Auseinandersetzung, die in den kommenden Jahrzehnten eskalieren kann. (...) (Wir) stehen auch da in einem Geisteskampf, der nur durch eine christliche Kultur des Herzens gewonnen werden kann, wie es bereits einige Male im Lauf der letzten dreizehnhundert Jahre der Fall war." (Lit.: Bernard Lievegoed, Eine Kultur des Herzens, S. 58)

"In der heutigen Bewußtseinsseelenepoche ist das wichtigste Ziel der abendländischen Menschheit, daß eine wachsende Zahl von Menschen eine individuelle und voll bewußte Beziehung zu der Christus-Wesenheit gewinnt. (...) <<Es werden diejenigen, die sich im echten Geist die durchchristete Geisteswissenschaft aneignen - nicht bloß in einem äußeren Sinne, sondern im echten Geiste -, ganz gewiß auch ihre eigenen Beichtväter werden können. Ganz gewiß werden sie durch die Geisteswissenschaft den Christus immer mehr und mehr so intim kennen lernen, so intim sich mit ihm verbunden fühlen, daß sie unmittelbar seine geistige Gegenwart empfinden. Und sie werden, indem sie sich neuerdings ihm angeloben als dem kosmischen Prinzip, ihm im Geiste die Beichte verrichten und in ihrer stillen Meditation die Sündenvergebung von ihm erlangen können. ... Das mag alles ein Ideal sein im Erdendasein, aber wenigstens der Anthroposoph darf zu einem solchen Ideal aufblicken.>> (Rudolf Steiner). Es wird jedoch nur möglich sein, diesem Ideal näherzukommen, wenn die zwei Hauptbedingungen für das Verzeihen in ausreichendem Maße erfüllt sind: die Selbstüberwindung, das heißt die Überwindung der egoistischen Neigungen des niederen Ich, und die Hingabe seiner selbst in Liebe an die Welt, die Bereitschaft zu opfervollem Dienen." (Sergej O. Prokofieff, Die okkulte Bedeutung des Verzeihens, S. 181 - 183)

"Zweimal versucht Ahriman, von den arabischen Ländern aus die christliche Kultur zu bedrohen. Das erste Mal geschieht dies von Gibraltar aus. Die arabischen Heere dringen bis über die Pyrenäen vor, werden bei Poitiers aber zurückgeschlagen. Beim zweitenmal versucht Ahriman es von Istanbul aus, wird aber kurz vor Wien zum Stehen gebracht. (...) Ich schätze, daß der Tiefpunkt des (künftigen) Kampfes zwischen 2020 und 2040 liegen wird. Dann werden sich Abgründe von Dämonie öffnen. Der Nationalsozialismus und der Bolschewismus werden dagegen verblassen. Millionen werden dabei zugrunde gehen. Aber es werden auch Millionen Widerstand leisten." (Bernard Lievegoed, Über die Rettung der Seele, S. 123 - 127)

"Das Entscheidende wird die geistige Situation in Europa sein! Unsere Aufgabe ist es daher, hier eine christliche Infrastruktur aufzubauen. Das ist meine große Sorge, ob das gelingen wird. Wenn uns das gelingt, werden die Dämonen nicht hierher wollen, oder wenn sie doch kommen, dann werden sie zurückgeschreckt. Es ist unsere Aufgabe als Anthroposophen, diese christliche Infrastruktur zu bilden, damit die Atmosphäre mit einem christlichen Licht durchstrahlt wird. Dieses können wir nicht sehen, aber es schreckt die Dämonen ab. Kanonen werden sie nicht aufhalten können, wohl aber eine christliche Infrastruktur. Ein christlicher Eingeweihter kann nur wirken, wenn es eine christliche Infrastruktur gibt. (...) Als (Rudolf Steiner)

... in Breslau mit Jugendlichen beraten hatte, sagte einer: <<Aber Herr Doktor, wir wollen doch dabei sein, wenn sie wieder da sind.>> - <<Ja>>, hatte er geantwortet, <<ja, sind sie dann auch bereit, barfuß mit mir durch ein verwüstetes Europa zu ziehen?>>"
(Bernard Lievegoed, Das Gute tun, S. 199 - 200)

Doch wußte Rudolf Steiner auch, dass sich nach einem zweiten großen Krieg (dem 2. Weltkrieg) eine sehr lange Friedenszeit anschließen würde.

"(Es) muss die Menschheit erst fertig werden mit der Begegnung des Tieres, das 1933 aufsteigt." (Rudolf Steiner, GA 346, S. 239f.) (= Verhüllte Prophezeiung der Machtergreifung Hitlers)

"Ich werde es nicht mehr erleben, 1938/1939 wird ein Krieg sein, wie ihn die Welt noch nie erlebt hat. Wer überlebt, wird bessere Zeiten haben." (Rudolf Steiner. In: Erika Beltle/Kurt Bierl: Erinnerungen an Rudolf Steiner, Vlg. Freies Geistesleben, Stuttgart 2015, S. 503)

Rudolf Steiner kündigte für die Jahre 1930 - 1940 besondere neue Fähigkeiten eines hellsichtigen Schauens des ätherischen Christus an. "Die ersten Anzeichen von diesen neuen Seelenfähigkeiten, die werden sich in vereinzelten Seelen schon verhältnismäßig bald bemerkbar machen. Und sie werden sich deutlicher zeigen in der Mitte der dreißiger Jahre unseres Jahrhundert, ungefähr in der Zeit zwischen 1930 und 1940. Die Jahre 1933, 1935 und 1937 werden besonders wichtig sein. Da werden sich am Menschen ganz besondere Fähigkeiten als natürliche Anlagen zeigen" (Rudolf Steiner, GA 118, S. 25) Dazu führte er unter anderem weiter aus: "Entweder der Materialismus unseres Zeitalters geht weiter: Dann wird man, wenn solche Kräfte sich zeigen, nicht verstehen, daß sie hinaufführen in die geistigen Welten; man wird sie mißverstehen, und dadurch werden sie unterdrückt werden. Wenn das geschähe, würde das nicht dazu berechtigen, daß die Menschen aus dem materialistischen Sinne heraus am Ende des Jahres 1940 etwa sagten: Nun seht, was das für phantastische Propheten waren am Anfange des 20. Jahrhunderts! Nichts hat sich erfüllt! - Denn wenn die neuen Fähigkeiten nicht da sein werden wird das keine Widerlegung dessen sein, was jetzt gesagt werden kann und muß, sondern es wird nur ein Beweis dafür sein, daß die unverständige Menschheit diese Fähigkeiten im Keime erstickt und sich dadurch etwas genommen haben wird, was die Menschheit wird haben müssen wenn sie in ihrer Entwickelung nicht verdorren und veröden will. Das ist die große Verantwortung der Anthroposophie. Die Anthroposophie ist entsprungen aus der Erkenntnis der Notwendigkeit, daß vorgearbeitet werden muß für etwas, was kommen wird, und das auch übersehen und unterdrückt werden könnte. Vorzuarbeiten hat die Anthroposophie für das Verständnis geistig sich entwickelnder Kräfte der Menschheit. Werden diese Kräfte unterdrückt werden, dann wird die Menschheit weiter in den Sumpf des Materialismus hineingehen." (Rudolf Steiner, GA 116, S. 93f.)

Ganz scheinen diese Neuen Fähigkeiten nicht an der Menschheit vorbei gegangen zu sein, wie einige Bücher berichten. In dem bemerkenswertesten dieser Bücher handelt es sich um eine Dokumentation aus einer Region (Schweden), die nicht besetzt wurde von der deutschen Wehrmacht und daher im zweiten Weltkrieg auch unberührt blieb vom Einfluß des Nationalsozialismus (Vgl. "Sie erlebten Christus". Berichte aus einer Untersuchung des Religionssoziologischen Instituts Stockholm durch G. Hillerdal und B. Gustafsson, Vlg. Die Pforte, 3. Auflage, Basel 1980).

Rudolf Steiner prophezeite auch, dass sich der Bolschewismus in Europa nicht länger als 70 - 80 Jahre werde halten können. (Vgl. Friedwart Husemann: Rudolf Steiners Entwicklung, S. 18)

Bereits 1916 - also noch vor dem Eintritt Amerikas in den ersten Weltkrieg - formulierte Rudolf Steiner folgende Prophetie: "Es wird nicht lange dauern, wenn man das Jahr 2000 geschrieben haben wird, da wird nicht ein direktes, aber eine Art von Verbot für alles Denken von Amerika ausgehen, ein Gesetz, welches den Zweck haben wird, alles individuelle Denken zu unterdrücken." (Rudolf Steiner, GA 167, Vortrag vom 4. April 1916). Damit drückte Rudolf Steiner aus, dass das Gerede von den westlichen Werten und Freiheiten zur Phrase, Konvention und schließlich zur Lüge wird. Denn in Wahrheit wird das individuelle Denken routiniert unterdrückt werden durch ein überbordendes, allherrschend gewordenes Wirtschaftsleben. Die freiheitliche Demokratie der westlichen Welt steht nur zu oft nur noch auf dem Papier - und wird, wie die "Wikileaks"- und NSA-Abhör-Debatte zeigt, nicht selten durch den Herrschaftsanspruch des "militärisch-industriellen Komplexes" (Noam Chomsky) auf dem Altar des "Common sense" gemeinsamer Werte und Interessen gewissermaßen zu Tode gebracht, d.h. dem Gotte "Mammon" zur Opfergabe gebracht.

Um das Jahr **2086** sollen nach einer Aussage Rudolf Steiners überall in Europa Bauten errichtet werden, die geistigen Zielen dienen und die ähnlich gestaltet sein werden, wie der charakteristische Doppelkuppelbau des Ersten Goetheanums.

"Furchtbare Zeiten aber stehen der Menschheit in Europa bevor. Wir wissen, daß, wenn das erste Drittel dieses Jahrhunderts vorbei ist, der Christus geschaut werden wird in seiner Äthergestalt und daß dies einen gewaltigen Impuls abgeben wird neben all den untergehenden Neigungen dieses Jahrhunderts. In den älteren Zeiten, wie zum Beispiel beim Jahr 1000, mußten die Menschen wohl glauben, was Luzifer und Ahriman ihnen weismachten, weil sie den wahren, bewußten Christus-Impuls noch nicht in sich hatten. Wir aber müssen nicht mehr, wir sollen freiwillig diesen neuen Christus-Impuls aufnehmen, damit wir Luzifer und Ahriman Widerstand leisten können. Es wird so sein im 20. Jahrhundert, daß Luzifer und Ahriman sich insbesondere bemächtigen werden des

Namens des Christus. Menschen werden sich Christen nennen, die von dem wahren Christentum keine Spur mehr in sich haben werden; und sie werden wüten gegen diejenigen, die sich nicht nur allein halten an das, was der Christus einmal nach der Überlieferung der Evangelien gesagt hat, sondern für welche gilt das Wort: «Ich bin bei euch alle Tage bis an das Ende der Erdenzeiten», die sich richten werden nach dem lebendigen, fortwirkenden Christus- Impuls. Gegen diese wird man wüten. Verwirrung und Verwüstung wird herrschen, wenn das Jahr 2000 herannaht. Und dann wird auch von unserem Dornacher Bau kein Holzstück mehr auf dem anderen liegen. Alles wird zerstört und verwüstet werden. Darauf werden wir von der geistigen Welt aus herabschauen. Aber wenn das Jahr 2086 kommt, wird man überall in Europa aufsteigen sehen Bauten, die geistigen Zielen gewidmet sind und die Abbilder sein werden von unserem Dornacher Bau mit seinen zwei Kuppeln. Das wird die goldene Zeit sein für solche Bauten, in denen das geistige Leben blühen wird." (Lit.: GA 286, S. 110f)

Doch vorher tritt eine gewaltige Krise innerhalb der Anthroposophischen Gesellschaft (AAG) auf, wie man am Beispiel der SKA (Steiner Kritische Ausgabe) erkennen kann, die von einem bekennenden Mormonen eine völlige Umbiegung von Steiners Werk in die Welt setzte.

"Es könnte möglich sein, daß sich einmal die Anthroposophie von der Anthroposophischen Gesellschaft lösen müßte. Es dürfte nicht sein, aber die Möglichkeit dazu wird bestehen. Wenn ich einmal nicht mehr da bin, wird eine Verintellektualisierung der anthroposophischen Geisteswissenschaft kommen. Das ist eine große Gefahr. Denn das bedeutet die Stagnation der ganzen Bewegung." (Rudolf Steiner, zitiert nach Adelheid Petersen: Rudolf Steiner über Vortragstätigkeit und Zweigarbeit. In: Erika Beltle/Kurt Vierl (Hg.): Erinnerungen an Rudolf Steiner, Vlg. Freies Geistesleben, Stuttgart 2001, Seite 237).

Ich wurde eines Tages gefragt: Glauben Sie, daß in der heutigen Zeit, also im fünften Zeitalter, das menschliche Leiden am größten ist, größer, als es jemals in irgendeiner Vergangenheit war und größer, als es jemals sein wird? Also auch, daß es am Beginn des sechsten Zeitalters endlich wieder deutlich kleiner geworden sein wird?

Meine Antwort: Ja, das glaube ich tatsächlich, da wir im Bewußtseinsseelenzeitalter stark mit einer inneren Einsamkeit des Suchens und mit der Begegnung mit dem Bösen konfrontiert sind. Die darin wohnenden Abgründe werden im kommenden Geistselbst- bzw. Wassermann-Zeitalter abgelöst werden von dem Ertrag, den die innere Such-Einsamkeit und die Konfrontation mit dem Bösen erzeugt haben werden.

Leere, innere Suche und Such-Einsamkeit, das sind die Segnungen des Bewußtseinsseelenzeitalters, da sie uns in der Konfrontation mit dem Bösen ganz auf uns selbst zurückwerfen. Wir sind damit herausgefordert zu einer Selbst-Erziehung ganz neuer Art zu kommen, und uns selbst als Vehikel zu eigner Vervollkommnung zu betrachten, als Entelechie, die nur Vorwärtsschreiten kann, will sie nicht der Zerstörung des geistigen Kerns in uns, des „Geistfunkenatoms", anheimfallen. Jede Individualität ist ICH-haft, und als solche wird sie sich ihrer Rückbindung an den J-CH den Jesus Christus in uns zu vergegenwärtigen haben, nach dem Motto: „Nicht ich, sondern der Christus in uns".

Autobiographische Notiz:

Michael Heinen-Anders wurde am 25.02.1960 in Köln geboren. Er studierte an der Bergischen Universität Wuppertal Wirtschafts- und Sozialwissenschaften.
1989 schloss er das Studium als Diplom-Ökonom ab.
Michael Heinen-Anders trat 1994 der Anthroposophischen Gesellschaft, Zweig Köln, bei.
Seit 2011 ist er gleichfalls Mitglied der Freien Hochschule für Geisteswissenschaft.
Er veröffentlichte zahlreiche literarische, essayistische und wissenschaftliche Schriften, darunter „Aus anthroposophischen Zusammenhängen", BOD, Norderstedt 2010 und „Aus anthroposophischen Zusammenhängen Band II", BOD, Norderstedt 2012.
Michael Heinen-Anders lebt in Köln, ist geschieden und hat zwei erwachsene Töchter.